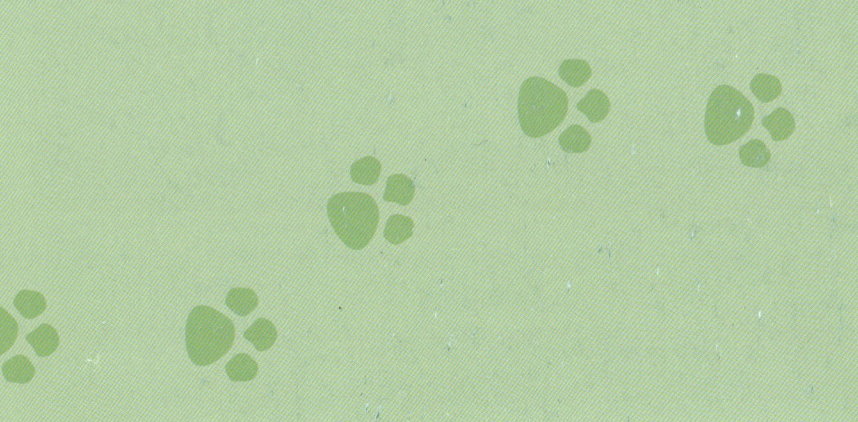

© 2001 Agentur COLIBRI:
Pouyfourcat: S. 4; A. Schopfer: S. 8, S. 22-23 (u.); J. Delpech: S. 9 (o.l.), S. 14 (l.), S. 16 (u.), S. 21;
L. Ginestre: S. 9 (o.r.), S. 23 (o.l.); J.-L. Paumard: S. 9 (u.), S. 26 (u.), S. 29 (u.r.): A. Labat:
S. 10-11 (Hintergrund), S. 14-15 (o.); J.-Y. Lavergne: S. 10 (u.); D. Bourry: S. 11 (o.); D. Fontaine:
S. 12 (o.); S. 20; P. Nief: S. 12 (u.); F. und J.-L. Ziegler: S. 13 (o.), S. 29 (o.r.); D. Magnin: S. 13 (u.),
S. 17 (u.l., u.r.), S. 18, S. 19, S. 22 (o.); J.-M. Prévot: S. 14 (Mitte); R. Toulouse: S. 15 (u.); J. Joannet:
S. 16-17 (o.); M. Quéral: S. 24-25; B. Tauran: S. 26-27 (o.); S. Bréal: S. 27 (u.); B. Faurie: S. 28 (o.);
A.-M. Loubsens: S. 28 (u.); J.-L. Marindraz: S. 29 (Mitte l.); P. und V. Tracqui: S. 6-7, 23 (o.r.);
© Agentur Fotolia: Sherjaca: Titelfoto; DevilGB: Titelfoto (Mitte l.); Adam Gryko: Foto der Rückseite.

© 2001 Éditions Milan – 300, rue Léon-Joulin, 31101 Toulouse Cedex 9, Frankreich.
Die französische Originalausgabe erschien erstmals 2001 unter dem Titel
»La vache, reine des prés« bei Éditions Milan.
www.editionsmilan.com
Herausgeberin: Valérie Tracqui

Aus dem Französischen von Anne Brauner.
Alle Rechte der deutschsprachigen Ausgabe:
© 2011 Esslinger Verlag J.F. Schreiber
Anschrift: Postfach 10 03 25, 73703 Esslingen
www.esslinger-verlag.de
ISBN 978-3-480-22759-4

Meine große Tierbibliothek

Die Kuh

Text von Christian Havard
Fotos von der Agentur COLIBRI

esslinger

In ganz Deutschland leben Milchkühe auf der Weide – bis zu einer Höhe von 2000 Metern. Die Farbe des Fells richtet sich nach der Rasse.

Auf der Weide

Es ist Frühling. Die Kühe schlafen nicht mehr im Stall, sondern auf der Weide. Sobald die Sonne aufgeht, beginnen sie, das frische Gras abzufressen. Die Glocken verraten dem Bauern, wo die Kühe gerade sind. Die Menschen züchten bestimmte Kuhrassen wegen der Milch, andere wegen des Fleisches.

Hallo, liebe Kuh!

Beim geringsten Geräusch kommt die Kuh heran und wackelt mit ihren beweglichen Ohren. Mit den großen Nasenlöchern wittert sie den unbekannten Eindringling. In ihren sanften Augen erscheint der Mensch jedoch so groß, dass sie Angst bekommt und zur Herde zurückkehrt. Kühe und auch Bullen haben Hörner. Manchmal werden die Tiere enthornt, damit sie sich nicht gegenseitig verletzen.

Als Erkennungszeichen trägt jede Kuh eine Markierung im Ohr.

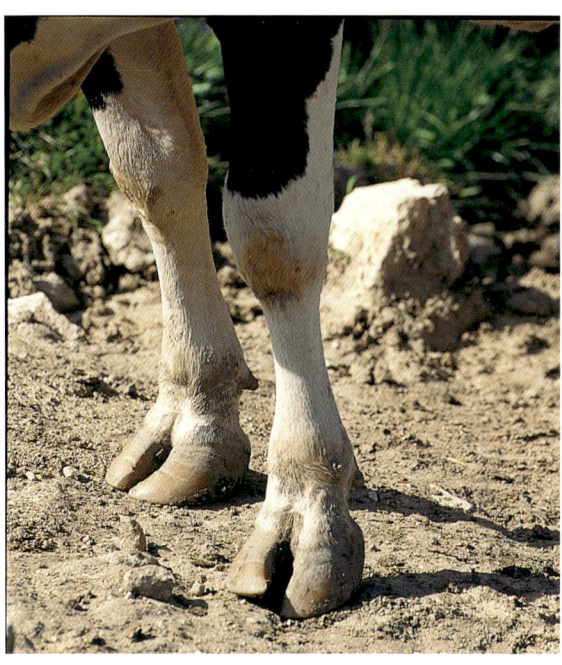

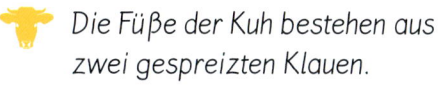
Die Füße der Kuh bestehen aus zwei gespreizten Klauen.

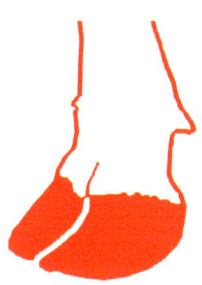

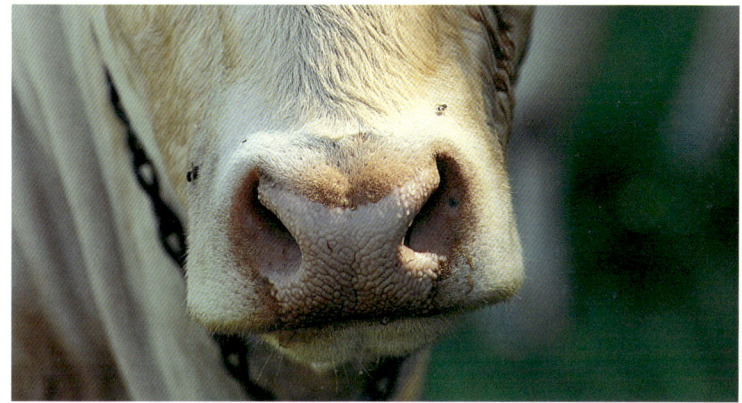

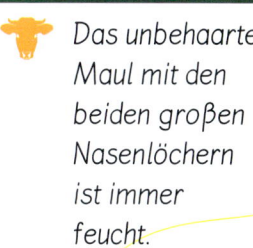
Das unbehaarte Maul mit den beiden großen Nasenlöchern ist immer feucht.

Mit ihrem langen Schwanz verscheucht die Kuh lästige Fliegen und Bremsen.

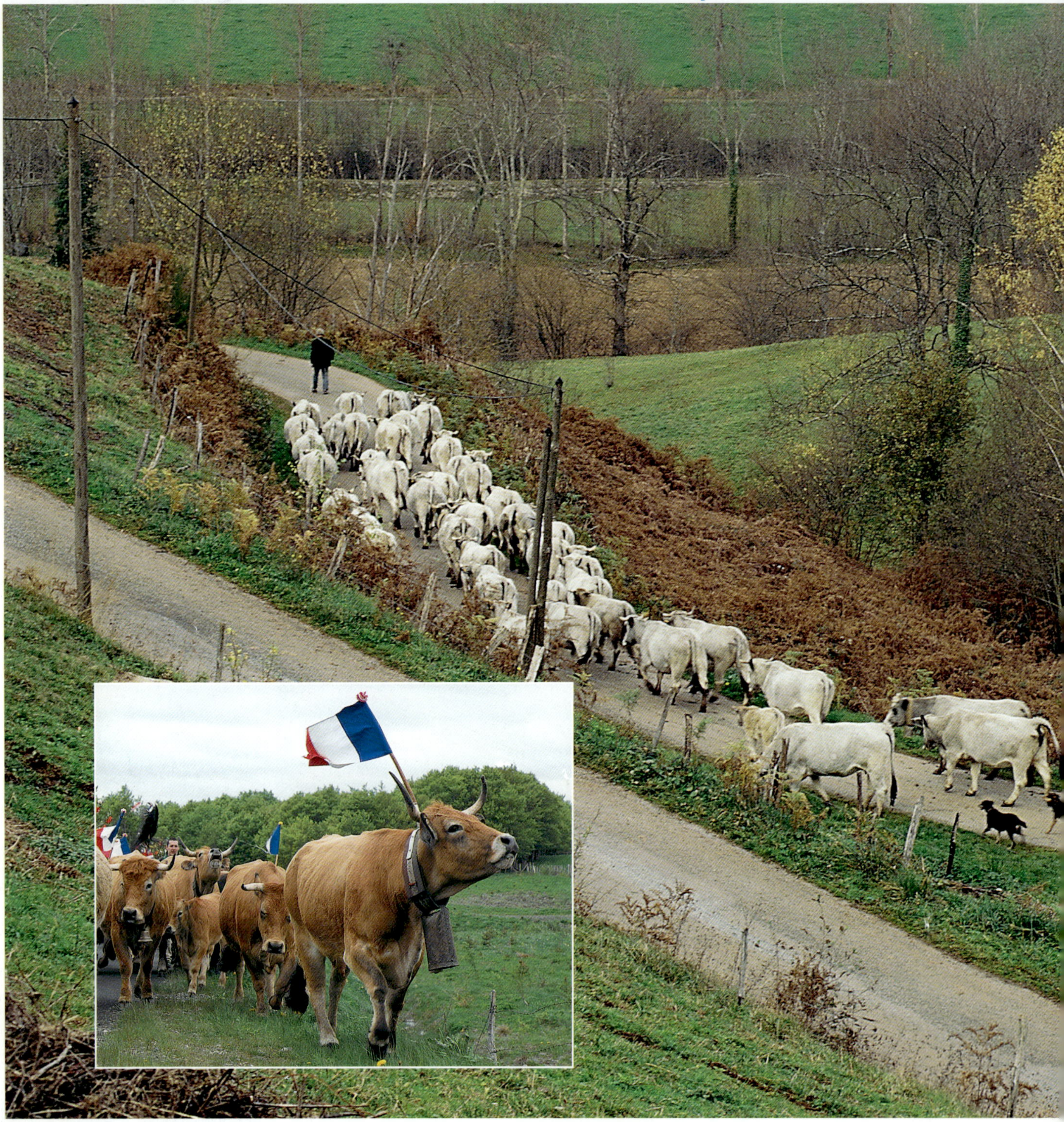

🐮 Am Vorabend des Almauftriebs füttert der Bauer seine Kühe gut, damit sie nicht ständig grasen. Einige tragen Glocken.

Die große Reise

Heute haben es die Bergkühe gut. Sie brechen auf, um den Sommer auf der Alm zu verbringen, wo das Gras schön saftig ist. Das nennt man Almauftrieb. Mit der Leitkuh an der Spitze und viel Zuspruch durch den Hirten erklimmt die Herde die steilen Wege. Na los, ihr Kühe! Lauft! Die gut abgerichteten Hirtenhunde kümmern sich um jene Kühe, die trödeln oder sich verirren.

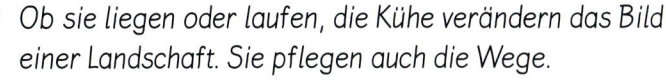
Ob sie liegen oder laufen, die Kühe verändern das Bild einer Landschaft. Sie pflegen auch die Wege.

Mmmm!

Wie alle Wiederkäuer fressen auch Kühe zweimal. Ihre Verdauungsorgane unterscheiden sich sehr von denen des Menschen.

Die Kuh umschlingt das Grasbüschel mit der Zunge und reißt es mit den Lippen ab.

Beim Grasen beschnuppert die Kuh die Grashalme, bevor sie sie herausreißt. Giftpflanzen frisst sie nicht.

🐮 *Während sie auf der Weide liegt, kann die Kuh ihre Umgebung beobachten und ... gemütlich wiederkäuen.*

Mit einem schnellen Zungenschlag reißt die Kuh das Gras aus und schlingt es hinunter. Das Büschel gelangt in einen Vormagen, wird dort ein wenig verdaut und gelangt dann noch mal in den Mund der Kuh zurück! Die Kuh käut wieder: Das Gras wird ein zweites Mal gekaut und geschluckt.

🐮 *Bauern müssen auch daran denken, den Kühen Salz zum Lecken zu geben.*

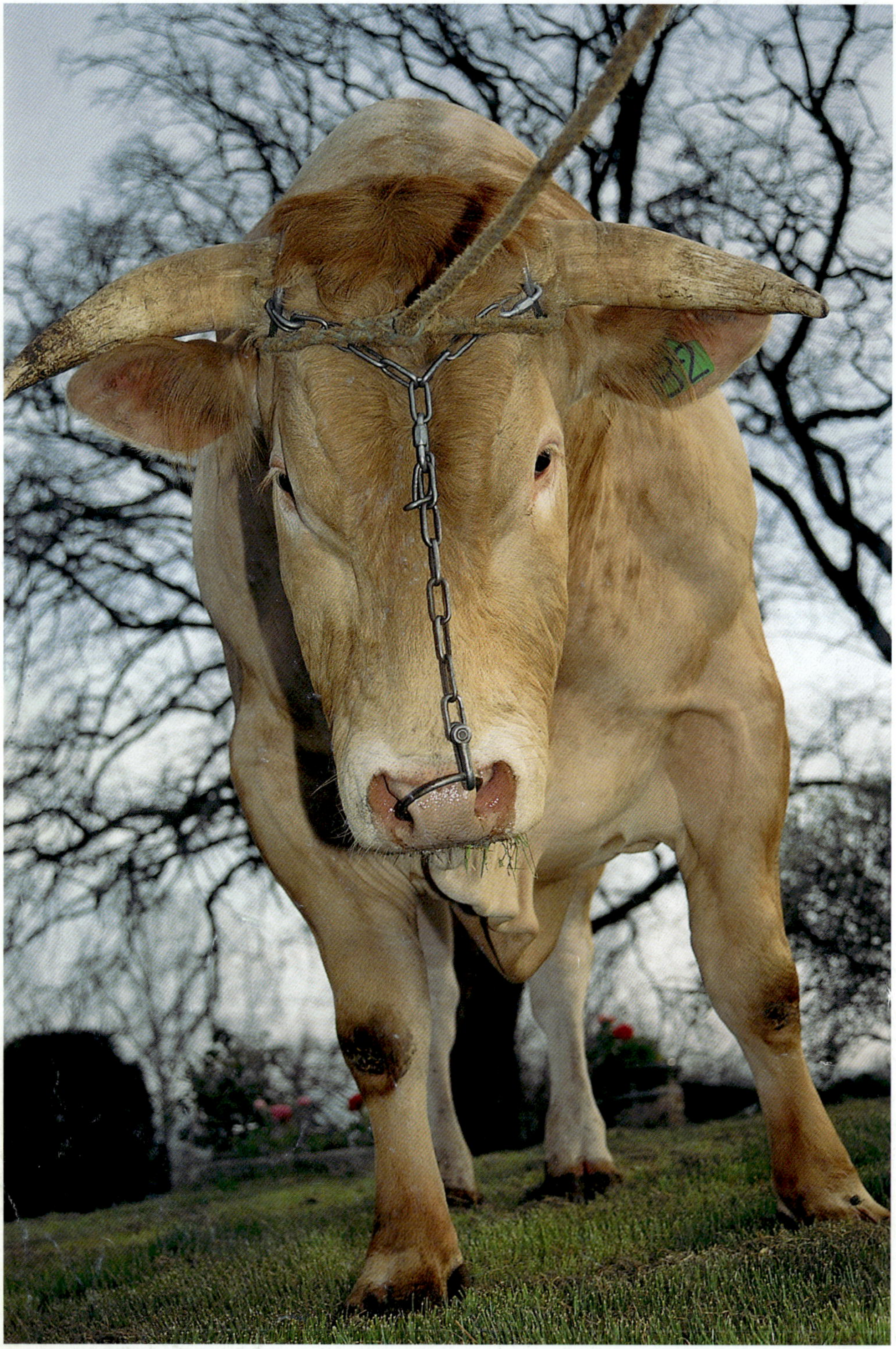

Mit dem Nasenring und der Kette flößt einem der Bulle richtig Angst ein!

Der Bauer wählt den Zuchtbullen aus.

🐄 *Oft gibt es nur einen Bullen auf jeder Weide. Das verhindert Streit zwischen Rivalen.*

🐄 *Muh! Die Kuh muht mit gestrecktem Hals. Kühe verständigen sich mit verschiedenen Muhlauten.*

Was für ein Bulle!

Im Alter von achtzehn Monaten können Kühe sich fortpflanzen. Etwa alle drei Wochen sind sie brünstig. Sie werden unruhig und entfernen sich von der Herde. Der Bauer begreift sofort: Diese Kuh muss mit einem der Bullen zusammengebracht werden. Oder sie wird mit dem Sperma eines ausgewählten Bullen künstlich besamt. Innerhalb von etwa neun Monaten wächst dann im Bauch der Kuh ein Kälbchen heran.

Warm im Winter

Der Winter ist gekommen und mit ihm die Kälte. Die Kühe kehren in den Stall zurück. Anfangs nur über Nacht, aber wenn auf den Weiden Schnee liegt, gibt es draußen nichts mehr zu fressen. Schön im Warmen, bei gefüllten Trögen, ruhen die Kühe sich aus. Sie können jetzt in aller Ruhe Kraft sammeln, jede an ihrem Platz. Im Stall gibt es keinen Streit.

Im Winter säubert und schneidet der Bauer die Klauen der Kühe im Stall. Das ist gar nicht einfach!

🐮 *Die Kuhfladen bilden mit der Einstreu einen großen Misthaufen. Den Urin der Kühe nennt man Jauche. Er wird extra gesammelt. Früher zogen Ochsen die schweren Karren.*

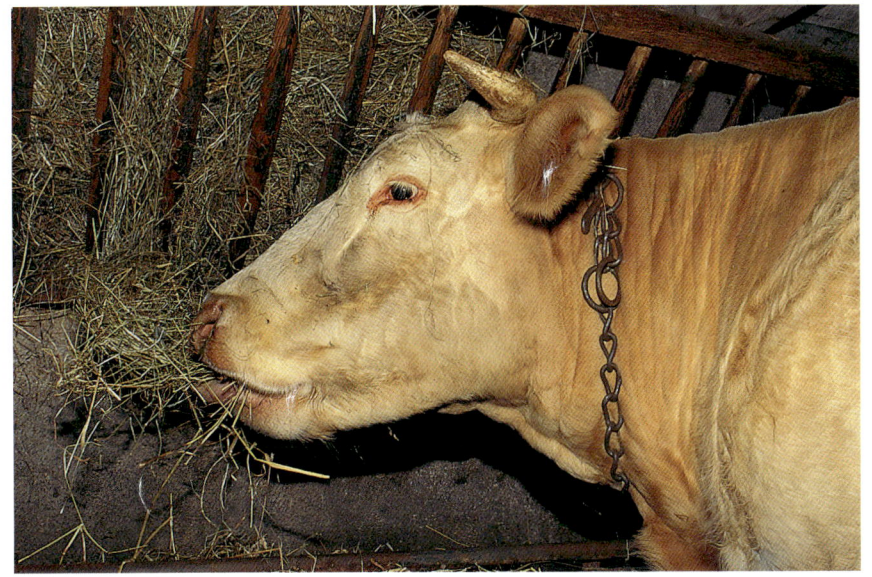

🐮 *Im Stall frisst die Kuh Heu und eine Mischung aus Mais, Soja und Rüben.*

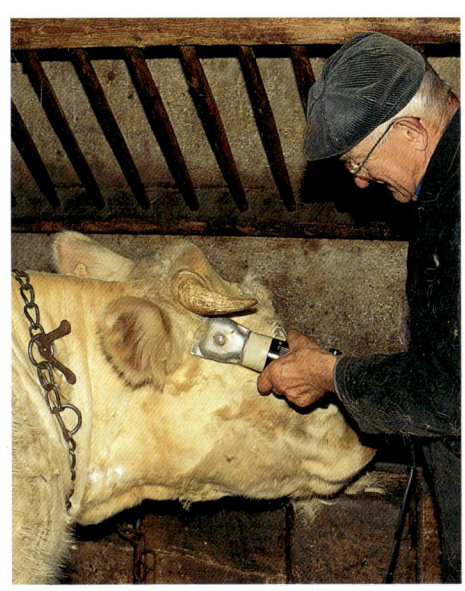

🐮 *Längeres Fell wird geschoren, damit es nicht verschmutzt.*

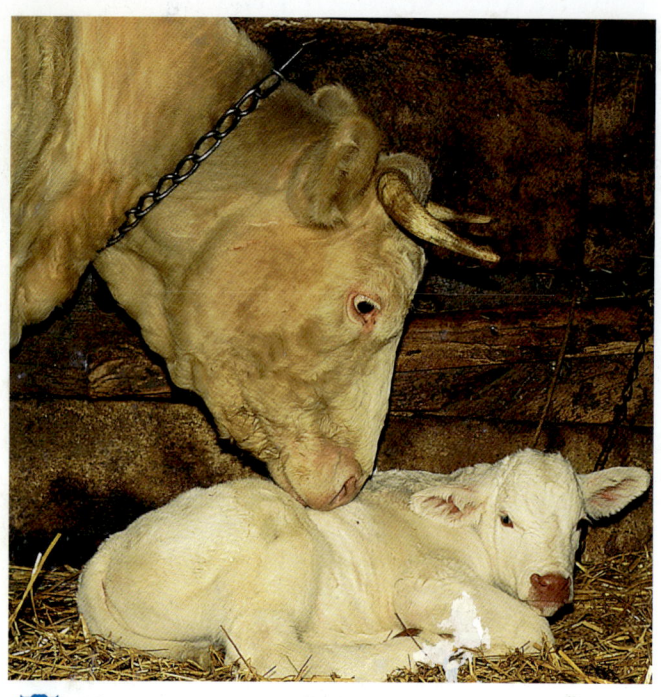

🐂 Nach der Geburt leckt die Kuh ihr Kälbchen sauber und trocken.

🐂 Das Kalb stößt mit dem Kopf gegen das Euter seiner Mutter, damit die Milch schneller fließt.

🐂 Bei der Geburt wiegen Kälbchen 25 bis 45 Kilogramm. So viel wiegst du im Alter von acht bis zehn Jahren.

Schnell, sie kalbt!

Es ist Nacht. Plötzlich muht eine Kuh laut im Stall. Der Bauer steht rasch auf. Die Kuh bringt gerade ihr Kleines zur Welt, sie kalbt. Die Vorderbeine kommen schon heraus. Die Kuh braucht ein wenig Hilfe ... und schon ist es da! Das Fell ist ganz feucht. Mit langen Zungenschlägen leckt die Mutter es ab. Zwei Stunden nach der Geburt steht das Kalb schon aufrecht und will saugen.

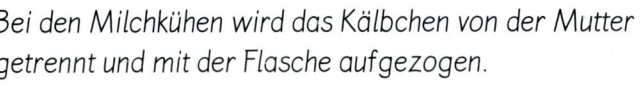

Bei den Milchkühen wird das Kälbchen von der Mutter getrennt und mit der Flasche aufgezogen.

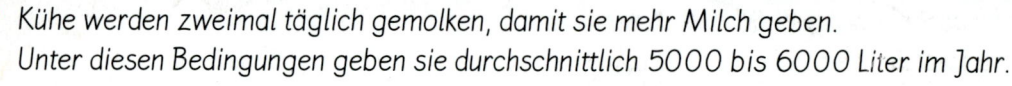 Kühe werden zweimal täglich gemolken, damit sie mehr Milch geben.
Unter diesen Bedingungen geben sie durchschnittlich 5000 bis 6000 Liter im Jahr.

🐂 *Beim Melken von Hand werden immer zwei Zitzen gedrückt und sanft gezogen.*

🐂 *An der Melkmaschine werden die vier Zitzen gleichzeitig gemolken. Das geht viel schneller!*

Literweise Milch

Es ist Zeit zum Melken. Der Bauer ruft seine Herde und brav trotten die Kühe in den Stall. Die Milchmenge einer Kuh verändert sich innerhalb der neun Monate nach der Geburt des Kälbchens. Am Anfang gibt sie viel Milch, dann wird es weniger. Zwei Monate vor dem nächsten Kalben hat sie gar keine Milch mehr.

Schon groß

Die Kälbchen bilden abseits ihrer Mütter bald ein eigenes Grüppchen. Sie rennen, springen und spielen Fangen auf der Weide. Beim Spielen ahmen sie die Älteren nach und kämpfen darum, Chef zu werden. Einer schaut dem anderen fest in die Augen und scharrt im Boden. Dann drücken sie Kopf an Kopf und schieben, bis der Schwächere nachgibt. Gewonnen!

Wenn das Kleine zu weit wegläuft, ruft die Mutter es laut muhend zurück. Sie erkennt es am Geruch.

🐄 *Die Leitkuh setzt sich durch Stöße durch.*

🐄 *Kühe trinken sechzig Liter am Tag. Dabei achten sie darauf, die Nasenlöcher über Wasser zu halten.*

🐄 *Sobald sie keine Muttermilch mehr benötigen, werden die Kälber von den Müttern getrennt. So können sich die Mütter für das nächste Kälbchen erholen.*

Und morgen?

Aus den jungen Männchen sind Jungstiere geworden, aus den Weibchen Färsen. Drei Monate nach der Geburt ist ihre Mutter wieder trächtig und bekommt bald das nächste Kälbchen. Wie ihre Mütter haben auch die Färsen ihren eigenen Charakter und verhalten sich in der Herde ganz unterschiedlich. Der Bauer kennt seine Tiere genau: die treue Isabel, die kräftige Liese, die liebe Lea ...

 Auf tropischen und subtropischen Weiden leiden Kühe oft unter Insekten. Der Kuhreiher fängt sie und frisst sie auf.

Artenschutz

Es lebe die Kuh!

Der Mensch wählt verschiedene Kuhrassen nach seinen Bedürfnissen aus. Er neigt dazu, nur diejenigen zu halten, die viel Milch oder Fleisch geben. Dabei sind sie alle wertvoll, denn manche Rassen können Kälte oder Feuchtigkeit besser aushalten als andere.

So ein Mist!

Viele Insekten ernähren sich von Kuhfladen. In Afrika bauen die Massai daraus die Mauern ihrer Häuser. Früher ließen die Bauern sie trocknen und heizten damit. Heute sind Mist und Jauche gute Dünger für Wiesen und Äcker.

Der Mistkäfer rollt sich eine kleine Mistkugel, gräbt sie ein und legt ein Ei darauf.

Artenschutz

Vielseitige Tiere

Die Menschen melken die Kühe, um ihre Milch zu trinken und daraus Joghurt und Käse zu machen. Sie essen ihr Fleisch und fertigen Leder aus ihrer Haut.

Früher zogen Kühe das Gestrüpp aus dem Wald heraus und Ochsen arbeiteten auf dem Feld. Weil ihre Geschlechtsteile entfernt wurden, sind sie viel ruhiger als Bullen.

 Ochsen werden noch immer dort gebraucht, wo man mit Traktoren nicht arbeiten kann.

Fleisch oder Milch?

Die Tiere, die wegen ihres Fleisches gezüchtet werden, sind kräftig und kurzbeinig. Milchkühe sind knochiger, ihre Euter sind groß und aufgebläht. Die Rassen unterscheiden sich durch ihr Fell und teils auch durch die Hörner. Die Rasse der Kuh und die Qualität des gefressenen Grases bestimmen den Geschmack von Milch und Käse.

Aus Kuhmilch macht man Butter, Joghurt und mehr als dreihundert Käsesorten.

Familienalbum

Ein Watussirind

Weitere Horntiere

Kühe gehören zur Familie der Horntiere. Sie haben gebogene Hörner und ein unbehaartes Maul. Ihr wilder Vorfahre, der Auerochse, ist ausgestorben, aber es gibt noch immer wilde Horntierarten. Andere Arten werden vom Menschen als Haustiere gehalten.

Watussirinder kann man gut an ihren ausladenden Hörnern erkennen. Sie sind sehr friedlich und wandern in großen Herden durch die afrikanischen Trockengebiete.

Büffel verbringen viel Zeit im Wasser, wo sie sich von Wasserpflanzen ernähren. Sie sind widerstandsfähiger als das normale Hausvieh, weil sie in begrenzter Freiheit leben. Büffel werden in riesigen Reservaten in Asien und Afrika gehalten. Die Menschen dort, deren einziges Vermögen oft die Büffel sind, essen auch ihr Fleisch.

Ein Büffel

Familienalbum

In Amerika und Europa leben die letzten **Bisons** in Schutzgebieten. Früher wurden sie von den Cowboys in Nordamerika massenweise abgeschlachtet.

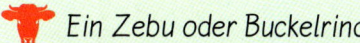
Ein Zebu oder Buckelrind

Ein Bison

Zebus kann man gut an ihrem Schulterhöcker erkennen. Sie werden in Afrika und Asien, vor allem aber in Indien gezüchtet. Große Hitze macht ihnen nichts aus und sie sind auch mit mageren Weiden zufrieden.

Ein Yak

Yaks leben in den 6000 Meter hohen Bergen des Himalaja. Diese Tiere werden vor allem für die Feldarbeit und als Lasttiere gehalten. Aber auch ihre Haut, ihr Fell und die Milch sind wertvoll.

Fragen zum Leben der Kuh

Wo leben die Milchkühe? 6
Haben alle Kühe das gleiche Fell? 6
Warum tragen sie Glocken? 7
Welche Sinnesorgane nutzen die Kühe? 8
Haben Kühe auch Hörner wie die Bullen? 8
Wozu dient die Markierung in den Ohren? 8
Was machen Kühe mit ihrem Schwanz? 9
Was versteht man unter Almauftrieb? 11
Wer kümmert sich um die Herde? 11
Wie frisst die Kuh das Gras? 12, 13
Was versteht man unter Wiederkäuen? 13
Was frisst die Kuh? 7, 12, 13, 17
Wo sind Kühe im Winter untergebracht? 16
Was ist Mist? 17
Wie pflegt der Bauer die Kühe im Winter? 16, 17
Was versteht man unter Kalben? 19
Woran erkennen Kühe ihre Kälber? 22
Geben Kühe immer Milch? 21
Wie melkt man eine Kuh? 21
Warum kämpfen die Kälber miteinander? 22
Wie rufen die Kühe ihre Kälber? 22
Wie nennt man die Jungtiere? 24
Was kann man mit den Kuhfladen machen? ... 26
Worin unterscheiden sich Ochsen von Bullen? ... 27
Was kann man aus Kuhmilch alles machen? ... 27
Wie heißen die Verwandten der Kühe? 28, 29

In derselben Reihe erschienen:

Die Ameise
ISBN 978-3-480-22564-4
Der Biber
ISBN 978-3-480-22601-6
Die Biene
ISBN 978-3-480-22407-4
Der Clownfisch
ISBN 978-3-480-22774-7
Der Delfin
ISBN 978-3-480-22638-2
Das Eichhörnchen
ISBN 978-3-480-22460-9
Die Eidechse
ISBN 978-3-480-22565-1
Der Eisbär
ISBN 978-3-480-22418-0
Der Elefant
ISBN 978-3-480-22477-7
Der Esel
ISBN 978-3-480-22714-3
Der Frosch
ISBN 978-3-480-22637-5

Der Fuchs
ISBN 978-3-480-22461-6
Die Giraffe
ISBN 978-3-480-22712-9
Der Gorilla
ISBN 978-3-480-22642-9
Der Hai
ISBN 978-3-480-22713-6
Das Huhn
ISBN 978-3-480-22522-4
Der Hund
ISBN 978-3-480-22464-7
Der Igel
ISBN 978-3-480-22466-1
Das Kaninchen
ISBN 978-3-480-22562-0
Die Katze
ISBN 978-3-480-22636-8
Der Löwe
ISBN 978-3-480-22761-7
Der Marienkäfer
ISBN 978-3-480-22463-0

Die Maus
ISBN 978-3-480-22715-0
Die Meise
ISBN 978-3-480-22698-6
Der Panda
ISBN 978-3-480-22334-3
Das Pferd
ISBN 978-3-480-22419-7
Der Pinguin
ISBN 978-3-480-22410-4
Das Pony
ISBN 978-3-480-22760-0
Der Regenwurm
ISBN 978-3-480-22408-1
Das Reh
ISBN 978-3-480-22333-6
Die Robbe
ISBN 978-3-480-22420-3
Das Schaf
ISBN 978-3-480-22409-8
Die Schildkröte
ISBN 978-3-480-22462-3

Die Schlange
ISBN 978-3-480-22762-4
Der Schmetterling
ISBN 978-3-480-22406-7
Die Schnecke
ISBN 978-3-480-22563-7
Das Schwein
ISBN 978-3-480-22645-0
Die Spinne
ISBN 978-3-480-22465-4
Der Tiger
ISBN 978-3-480-22521-7
Der Wolf
ISBN 978-3-480-22599-6